AF240121

MÉLANGES DE L'UNIVERSITÉ SAINT-JOSEPH
BEYROUTH (LIBAN)
TOME XIV, FASC. 2

P. H. LAMMENS, S. J.

LES « PERSES » DU LIBAN

ET L'ORIGINE DES MÉTOUALIS

IMPRIMERIE CATHOLIQUE
BEYROUTH
1929

LES « PERSES » DU LIBAN
ET L'ORIGINE DES MÉTOUALIS (*)

L'ethnographie médiévale du Liban, voilà une de ces questions que les géographes arabes ont rarement abordées. J'en prends occasion pour attirer l'attention sur les quelques lignes que lui a consacrées, vers 278/891, l'historien-géographe Yaʿqoūbī dans son « Kitāb al-Boldān » (1).

Nous apprenons donc par Yaʿqoūbī que, à Baʿalbakk, « la population se compose de Perses », اهلها قوم من الفُرس. Il reproduit une remarque analogue, à propos de ʿArqa, petite ville au nord-est de Tripoli. On y rencontre, d'après Yaʿqoūbī, قوم من الفرس ناقلة, « des Perses déportés ». A Tripoli, il signale également des « Fors » et ajoute cette fois qu'ils y furent « amenés par le calife Moʿāwia Iᵉʳ ». A propos de Ġobail, Bairoūt et Ṣaidā, Yaʿqoūbī affirme que اهل هذه الكُوَر كلّها قوم من الفرس : « la population de tous ces districts se compose de Perses ». Assertion trop générale. Il faut comprendre, pensons-nous, qu'on retrouve des éléments perses dans ces régions. Yaʿqoūbī lui-même (p. 327, 2) signale des Banoū ʿĀmila dans les montagnes de Ṣaidā.

Pour savoir quels étaient ces « Fors », rappelons brièvement quelles péripéties décidèrent de leur transfert sur la côte libanaise. On sait maintenant que, comme toutes les conquêtes, celle de la Syrie par les Arabes procéda lentement et par étapes. Les envahisseurs eurent assez facilement raison de la Syrie orientale, avec ses

---

(1) Edition de Goeje, p. 327 ; *Bibl. geogr. arabic*, vol. VII.

plaines ouvertes sur le désert. La nature elle-même défendit les districts montagneux et les Arabes ne songèrent pas à s'y aventurer. Quant à la côte libanaise, Balāḏorī (1) convient qu'il n'y eut d'abord qu'un فتح يسير, euphémisme élégant et discret. On peut traduire à volonté : « petite conquête, conquête sommaire et conquête facile ». Elle se réduisit en somme à la levée d'une contribution de guerre. Mais il ne fut pas question d'occupation militaire. Aussi, pendant le premier quart de siècle après l'hégire, les villes libanaises changèrent-elles plusieurs fois de maîtres, passant des Arabes aux Byzantins et de ceux-ci aux Arabes. C'est que les Byzantins avaient conservé la maîtrise de la mer, élément redouté par les terriens obstinés qu'étaient les Bédouins.

Pour mettre un terme à cette situation, Mo'āwia, à ce que nous apprend Balāḏorī (p. 126, d. l.), « déporta une partie considérable des populations urbaines », جلا كثيرًا من اهلها . Dans son « Histoire de Bairoūt », Ṣāliḥ ibn Yaḥyā (2) a repris et résumé le texte de Balāḏorī, mais au lieu de جلا , il a lu خلّى . D'après lui, Mo'āwia « aurait laissé à Bairoūt une portion notable des habitants ». Quelle que soit la lecture qu'on préfère, il ressort de ces textes que, depuis la conquête arabe, les villes maritimes s'étaient partiellement dépeuplées. Pour combler les vides au moyen d'éléments favorables au nouveau régime, l'ingénieux Mo'āwia ne reculera devant aucun expédient. La possession de Tripoli lui importait surtout. Avec 'Arqa elle commandait la route ouverte aux invasions vers la Syrie continentale, à savoir, la large trouée du Nahr al-Kabīr. A Tripoli, la population se résignait mal au changement de domination. Il y introduisit « un nombre considérable de Juifs » (3). Pourquoi pas des Arabes ? Parce que — je l'ai montré ailleurs (4) — il s'est heurté à la répugnance

---

(1) *Fotoūḥ al-Boldān*, première édition, p. 126.
(2) Ed. Cheikho, première édit., p. 23.
(3) Balāḏorī, *op. cit.*, p. 127.
(4) Cf. notre *Bādia*, pp. 91 sqq. dans *MFOB*, IV, 1910.

qu'éprouvaient les Bédouins à s'établir dans l'enceinte des villes. Il fallut du temps pour les attirer à Damas et dans les villes de la Syrie orientale, voisines du désert. Les nomades se souciaient médiocrement de courir l'aléa qu'entraînait le séjour sur le littoral libanais où ils se voyaient pris entre la menace de la mer et des populations de la montagne, celle-ci restée insoumise. Un passage d'Ibn ʿAsākir (1) nous montre l'audace des corsaires byzantins qui venaient enlever des navires marchands dans les eaux de Bairoût (2). Le fait se passa, semble-t-il, sous le règne du calife Hišām (724-743). Les corsaires « apparaissent après leur coup, à l'entrée du port de Bairoût, cependant que la population demeure inerte, glacée de terreur à leur approche » واهلها مُسكون بايديم هيبة لهم. Dans le texte il n'est pas question de garnison arabe à Bairoût.

Moʿāwia entrevit donc la nécessité d'occuper militairement les villes de la côte et dans l'espoir d'y retenir des contingents arabes, il imagina de leur assigner des قطائع, apanages. La situation de ces contingents fut longtemps précaire. A tout moment, on avait à redouter un débarquement byzantin. Aussi, nous apprend Balādorī (loc. cit.), quand la mauvaise saison « venait à fermer la mer », les garnisons arabes s'empressaient de repasser le Liban pour regagner leurs cantonnements de l'intérieur. Six siècles plus tard, nous retrouverons la même situation, au lendemain des Croisades (3). Vivant sous la menace d'un retour offensif des Francs, les Mamloûks détruiront les villes de la côte. C'est de Baʿalbakk et de Damas qu'ils se borneront à les surveiller ; de ces points arriveront les renforts, alertés par la poste aux pigeons, chaque fois que pointeront à l'horizon des voiles latines.

On ne s'étonnera donc pas si, pendant tout le premier siècle de

____

(1) *Tārīḫ Dimašq*, éd. Badrān, III, 47.
(2) Littéralement. « des marchands ancrés, مُرسِية, près Bairoût ».
(3) Lammens, *La Syrie*, II, pp. 2 sqq.

l'hégire, le séjour dans les garnisons phéniciennes était particu-lièrement redouté. On y envoyait ceux que, de nos jours, nous appellerions les *disciplinaires* et aussi les متطوّع, *volontaires* voués à la guerre sainte. Voilà comment Bairoūt eut l'honneur de voir passer plusieurs illustrations de la primitive histoire musulmane. C'était au *ǧond* ou circonscription militaire de Damas à relever la garnison de Bairoūt. Quand le légendaire Salmān al-Fārisī visita Damas, il demanda, nous apprend Ibn ʿAsākir (*op. cit.*, III, 264), à saluer Aboū'd-Dardāʾ. « On lui apprit qu'il était « morābiṭ », à la guerre sainte. — Et où, faites-vous, ô gens de Damas, votre service militaire, اين مَرابِطكم ? — A Bairoūt, fut la réponse. Salmān partit aussitôt pour Bairoūt », désireux de s'assurer, lui aussi, le mérite du *ǧihād*. Makhoūl gagna son surnom de « Bairoūtī » pour y avoir servi pendant plusieurs années. Le célèbre imām Auzāʿi s'y établit en permanence, رابَطَ ها (1) ; ce qui signifie qu'il y tint garnison et non qu'il s'y livra aux pratiques de l'ascétisme, comme on a parfois interprété. Au premier siècle de l'hégire, la « morābaṭa » relève exclusivement de l'art et du lexique militaires (2). La signification ascétique et *maraboutique* viendra plus tard. Dans les provinces remuantes de l'Iraq — rendez-vous des plus inquiètes tribus de l'Arabie — la menace d'être interné dans les garnisons de Phénicie — la *mosāyara*, comme on disait (3) — suffira d'ordinaire pour ramener le calme dans les esprits. Les Iraqains reviendront notablement assagis d'un séjour en Phénicie.

*
* *

Devenu par la mort de ʿAlī seul maître du califat, Moʿāwia comprit qu'il était temps de recourir à des mesures plus radicales.

---

(1) Ṣāliḥ ibn Yaḥyā, *op. cit.*, 24, 4.

(2) A commencer par le vocabulaire du Qoran, 3, 200 ; 8, 62.

(3) Cf. Ṭabarī, *Annales*, éd. de Goeje, I, 2909-2915 ; II, 258, 1.

Il se décida pour la méthode de la dislocation et de la déportation en masse. Il y fut efficacement soutenu par Ziād ibn Abīhi, l'énergique vice-roi des provinces orientales (1). Dans la double vallée du Tigre et de l'Euphrate, la conquête arabe avait démobilisé et jeté sur le pavé des milliers d'anciens combattants perses, soldats de métier. Ajoutez-y les Zoṭṭ et les Sayābiǧa (2), contingents d'irréguliers et de mercenaires, recrutés dans les Indes par les Sassanides. Quant aux soldats d'origine iranienne, leur teint clair leur avait valu, chez les Arabes, le surnom de « Ḥamrā' », rouges. Parmi ces *Ḥamrā'*, la majorité s'était, pour la forme, ralliée à l'islam contre le paiement d'une pension. Ils n'en demeurèrent pas moins, et leurs fils après eux, des déracinés, sans traditions au sein de l'*arabisme* et, malgré leur adhésion à l'islam, privés de l'*isopolitie* avec la race privilégiée des Arabes. Le dépit les disposait à se joindre aux fauteurs de désordre, qui foisonnaient dans l'Iraq, surtout depuis la mort de ʿAli. On avait déjà essayé de parer au danger, en dispersant les « Rouges », moitié à Koûfa, moitié à Baṣra. Moʿāwia fit mieux. D'un seul coup, il pourvut à la tranquillité de l'Iraq et à la sécurité de la Syrie, en déportant les groupes de *Ḥamrā'* dans les villes libanaises dont il confia la défense à leur valeur éprouvée « Ce sont nous assure Balāḏorī (p. 280, 7), ceux qu'on appelle en Syrie les Perses ». Moʿāwia prit la même mesure à l'égard des groupes d'anciens mercenaires indiens, Zoṭṭ et Sayābiǧa. De ceux-là encore, « il établit un certain nombre sur les côtes de Syrie » (3). D'autres furent fixés par lui dans les districts de l'Antiochène, dévastés et dépeuplés par les invasions byzantines.

Voilà les Perses dont Yaʿqoūbī a signalé la présence en Phénicie. Les renseignements, conservés par son contemporain Balāḏorī († 892), nous ont permis de préciser le motif de leur transfert sur

----

(1)　Cf. notre *Ziād ibn Abīhi*, 109.

(2)　Sur ces derniers, voir le récent article de Ferrand dans l'*Encyclopédie de l'islam*.

(3)　Balāḏorī, *op. cit.*, 376, 8.

la côte et la mission qu'on leur y réservait ; mission d'ordre militaire et subsidiairement de peuplement. On leur y confia également, comme dans l'Iraq, la surveillance des prisons, surtout quand il s'agit de prisonniers politiques (1). Mais voici qui est plus déconcertant. D'après le même Balāḏorī (p. 130), les Arabes, à leur arrivée en Syrie, auraient trouvé des « Fors », fixés à Baʿalbakk. Dans le texte d'une sorte de capitulation, accordée par eux à cette ville (années 15-16 H), la population héliopolitaine se trouve divisée en trois parties : « Roūm, Fors et Arabes ». La rédaction de cette pièce — que Balāḏorī seul a recueillie — sort de l'ordinaire. Les stipulations qu'elle contient, la situation politique et ethnographique qu'elle suppose, ne sont pas moins étranges.

Je l'ai qualifiée de capitulation. C'est en réalité un formulaire, destiné à la rédaction d'un laisser-passer ou d'une « lettre de sécurité, accordée à un anonyme », كتاب امان لِفلان بن فلان . La pièce n'est pas signée ; elle ne porte le nom d'aucun chef ni d'aucun témoin, comme il est de style dans les autres capitulations de cette époque qui nous sont parvenues. Le duc Caetani (2) a déjà observé que le document a été manipulé. En guise de preuve, il cite la juxtaposition de جزية et de خراج comme deux concepts distincts ; une distinction certainement postérieure au Ier siècle H. Je me demande donc comment expliquer la présence de ces « Fors » préhégiriens à Baʿalbakk. Nous savons d'autre part que plus tard cette ville compta des habitants qui se rattachaient aux *Fors*. Ibn ʿAsākir (3) en cite un exemple dans la notice d'un certain Moḥammad ibn Waḍī ibn Bilāl ibn Fazāra. A en juger d'après ces noms, cette famille était complètement arabisée. Mais nous ignorons si elle se réclamait des *Fors* déportés par Moʿāwia ou de leurs compatriotes, d'avant la conquête, mentionnés par Balāḏorī comme établis à Baʿalbakk.

---

(1) Kindī, *Governors of Egypt*, éd. Guest, p. 18, d. l. ; Ibn al-Atīr, *Osd al-ǧāba*, III, 310, 3 lire فارسي , Persan.

(2) *Annali dell' islam*, III, 435.

(3) Manuscrit de Damas, vol. XVI, non paginé.

* *

On a émis les opinions les plus divergentes sur les origines ethnographiques des « Métoualis » du Liban et de la Galilée. C'est ainsi qu'on désigne couramment en Syrie les Šî'ites imâmites ou *Duodécimans*, اثنا عشريّة. Et tout d'abord, les érudits sont demeurés en arrêt devant ce nom de *Métoualis*, transcription européenne de متَّوالي, au pluriel مَتَاوَلَة. A cette appellation populaire, les Métoualis substituent celle de Šî'ites ou de Ġa'farites ; cette dernière dérivée de Ġa'far âṣ-Ṣâdiq, le sixième dans la série des imâms reconnus par les Imâmites purs ou Duodécimans, et considéré par eux comme l'auteur de leur « madhab » juridique.

Le Professeur Margoliouth (1) déclare « obscure » l'origine du nom de Métoualis. Citons à titre de simple curiosité cette exégèse philologique du P. Gagarin S. J. : « Les Métoualis sont des musulmans de la secte d'Ali. Du temps du Bas-Empire, on les appelait les partisans d'Ali, les μετά 'Αλι. Le nom leur est resté » (2). Moins fantaisiste est l'explication enregistrée par Mariti (3). A l'en croire, « les Metuales ou Mutuales doivent leur nom à Mutual (4), célèbre capitaine ». Est-il besoin d'observer que pareil capitaine n'a pas laissé de trace, en dépit de sa prétendue célébrité ? La vérité c'est que dans les anciens chants populaires des Métoualis revient fréquemment le refrain : نحن بنو مُتَوال, « nous sommes les Banoû Motawâl » (5). Volney (6) s'étonne que le nom des Métoualis « n'ait pas paru avant ce siècle [XVIIIᵉ siècle] dans les livres » (7). Il n'est

----

(1) *Mohammedanism*, 172.

(2) Dans la revue *Etudes de théologie*, Paris, I, 543.

(3) *Voyages en Syrie*, Paris, 1791, II, 59 .

(4) Les Métoualis sont appelés بنو متوال dans une histoire inédite du grand émir Bašîr, publiée par la « Revue syrienne » المجلّة السورية d'Alexandrie.

(5) Cf. la revue šî'ite *'Irfan* de Ṣaidâ, XVIII, 1929, p. 226.

(6) *Voyages en Egypte et en Syrie*, I, 429.

(7) Nos citations (voir plus bas) prouvent le contraire.

pas sur la carte de d'Anville. La Roque, qui parlait de leur pays, il y a moins de cent ans, ne les désigne que par celui « d'Amédiens ». Ces *Amédiens* représentent la transcription française de l'arabe « Ḥamā-dyya ». C'est le nom des féodaux ou cheikhs métoualis qui, du XVIᵉ au XVIIIᵉ siècle, ont dominé dans le nord du Liban. On consultera avec profit les pages que leur a consacrées Ṭannoūs Śidiāq (1). Cet auteur, bien informé sur l'histoire traditionnelle des anciennes familles féodales du Liban, les appelle حمادية المتاولة , « les Ḥamādyya métoualis ». Sans doute pour les distinguer d'autres familles homonymes, chez les Sonnites et les Druses. Dans ses *Voyages*, le vieil explorateur Paul Lucas parle tantôt des « Amédiens » et tantôt des « Métualis ». Le chevalier d'Arvieux, dans ses *Mémoires* (II, 399) les désigne sous le nom de « Metoualin ou Metaovile ». Il se donne seulement le tort grave (II, 433) de les confondre avec les Druses. Il se trouvait pourtant bien placé, à Ṣaidā, pour les observer. La *taqyya* śīᶜite l'aura induit en erreur.

L'étymologie de leur nom doit sans doute être demandée, non au grec, mais au lexique arabe. On sait avec quelle prédilection toutes les sectes śīᶜites recourent au *taʾwīl*, explication allégorique du Qoran et du ḥadīṯ. Cette méthode d'herméneutique leur permet de trouver dans ces recueils la confirmation de leurs théories particularistes. La seconde forme verbale أوّل , *awwala*, allégoriser, nous donne au participe présent *moʾawwila*. Mais on remarquera dans cette dernière forme l'absence de la lettre *t* que toutes les graphies franques et arabes maintiennent dans le nom des Śīᶜites de Syrie. Par bonheur, la cinquième forme verbale *taʾawwala* signifie également recourir au *taʾwīl*. Les Métoualis seraient donc des « motaʾawwila », des allé-goristes (2). Dans le dialecte populaire, « motaʾawwila » a pu se contracter en « motāwila ». Seulement il faudrait admettre que de ce

---

(1) *Aḫbār al-aʿyān*, Beyrouth, 1859, pp. 165 sqq.

(2) Explication proposée par Roediger et Martin Hartmann dans *ZDPV*, XXIV, 188, 189.

collectif ou pluriel *matâwila = motawila* on a tiré le singulier *mota-wāli* ; processus insolite en philologie.

Il est difficile de ne pas reconnaître, dans les diverses transcriptions du nom des Métoualis, la racine *walya*, ولي . C'est sur les dérivés de cette racine qu'auraient dû se concentrer les recherches des étymologistes. Il eût suffi de se rappeler le rôle que cette racine verbale joue dans le lexique doctrinal de la Šīʿa ainsi que la théorie si spécifiquement šīʿite de la *walāya*. Dans les conceptions des Šīʿites, ʿAlī est le *walī*, le mandataire universel du Prophète et tout vrai Šīʿite lui est rattaché, ainsi qu'aux « gens de la famille », اهل البيت , à savoir les ʿAlides, par un lien étroit, celui de la *walāya* ou allégeance. Tout bon Šīʿite doit être *mowāli*, موالي (1), partisan dévoué de ʿAlī et des imāms, ses descendants. Pour exprimer ce dévouement, on emploie fréquemment la cinquième forme *tawallā*, توَلَّى . Au temps de la dynastie omayyade, les tenants du légitimisme ʿalide sont qualifiés de مُتَوَلِّي لابي تُراب « dévoués à Aboū Torāb » (2). Aboū Torāb était un sobriquet de ʿAlī (3). Rien de plus fréquent que les locutions تولَّى علياً ou تولَّى اهلَ البيت , « il était dévoué aux gens de la famille et à ʿAlī » (4).

Seulement la graphie *motawāli*, nettement attestée dans les textes et dans la prononciation populaire, nous ramène forcément à la 6ᵉ forme verbale *tawālā* توالى . Mais l'adjonction de la particule عن suffit pour donner à *tawālā* le sens de l'éloignement et de l'aversion. Leurs ennemis en ont profité pour affirmer que le nom de Métoualis leur était échu parce que توالَوا عن··· , « ils s'étaient écartés de la

---

(1) Cf. *Maqātil aṭ-ṭālibyyn*, attribué à l'auteur du *Kit. al-Aġāni*, p. 10.
(2) Masʿoūdī, *Prairies*, V, 16.
(3) Cf. *Fāṭima*, 58-59, 141.
(4) Dīnawarī, *Aḫbār ṭiwāl*, 249, 19 ; Ibn Qotaiba, *Kitāb al-Maʿārif*, 73, 19 ; *Aġ.*, XVIII, 116, 8 ; I. S. *Ṭabaq.*, V, 241, 11 ; Ṭab., *Annales*. II, 141, 1.

collectivité orthodoxe de l'islam » (1). Voila pourquoi sans doute, les Šī'ites de Syrie n'aiment pas le qualificatif de Métoualis dans lequel ils pensent reconnaître une insinuation malveillante. Par bonheur, les exemples ne manquent pas où la 6e forme tout court exprime, comme la 3e et la 5e, le dévouement à une cause et tout particulièrement au légitimisme ʿalide (2). Masʿoūdī (3) parle d'un « *motawāli* (dévoué) à la dynastie des Marwānides ». Ḍahabī (4) cite un *ḥāfiẓ* « šī'ite, lequel était *motawāli* », شيعي كان متوالياً . Pour exprimer les sympathies des personnalités musulmanes pour ʿAlī, rien de plus fréquent que l'expression توالاهُ (5). L'auteur du *Messianisme dans l'hétérodoxie musulmane* (6), M. Blochet note ce vers d'un Imāmite :

توالیت بعد الله فی الدین خمسة   نبّینا وسبْطَیهِ وشیخًا وفاطِما

M. Blochet semble avoir lu le premier mot *tawālayat* (sic) au lieu de *tawālayto*, à la première personne. Cette erreur de lecture en a entraîné d'autres (7) et défiguré le sens du vers. Au lieu de : « Après Allah, cinq personnes ont régi la loi musulmane, notre Prophète etc... », il faut traduire comme suit :

Après Allah, ma religion préfère cinq personnages : le Prophète, ses deux petits-fils, leur père et Fāṭima.

Ce versificateur ne pouvait mieux nous déclarer sa qualité de *motawāli*, « dévoué à ʿAlī et à toute la famille prophétique ». Il n'y a donc plus de doute à conserver. Dans *motawāli*, participe présent de *tawālā* توالَی , nous tenons l'original arabe lequel aura donné naissance à la transcription franque de Métouali.

---

(1)   Cf. *ZDPV*, *loc. cit.*; D'Arvieux, *Mémoires*, II, 433.

(2)   Qalānisī. *Histoire de Damas*, éd. Amedroz, 296, 10.

(3)   *Prairies*, VI, 93, 3.

(4)   *Tadkirat al-ḥoffāẓ*, I, 288.

(5)   *Aġ.*, XV, 129, 5 ; Moṭahhar Maqdisī, éd. Cl. Huart, V, 139, 2.

(6)   M. Blochet, p. 52.

(7)   Changé en sujets les régimes : خمسةٌ au lieu de خمسةَ etc.

Non moins discutée que l'étymologie du nom a été l'origine ethnographique des Métoualis de Syrie. D'après Von Oppenheim (1), ils seraient les débris des anciennes communautés qarmates de Syrie. Paul Casanova (2) les rattachait aux Isma‘ilīs ou *Assassins* des Croisades. Les deux explications sont également malheureuses. Qarmates et Isma‘ilīs sont des sectes secrètes et initiatiques (3). Les uns et les autres s'arrêtent au septième imām ‘alide, tandis que les Šī‘ites imāmites ou Métoualis admettent une série de douze imāms. Comme les croyances métoualis concordent, point pour point, avec celles des Šī‘ites de la Perse, on a pensé, à la suite de Seetzen (I, 243), pouvoir leur assigner la Perse comme pays d'origine.

Dans sa notice des cheikhs Ḥamāda, Ṭannoūs Šidiāq (4) les dit venus avec leur clan de la région de Boḫāra. Le Dr Lortet (5) a découvert chez les Métoualis de grandes ressemblances avec « les Kurdes de la Haute Mésopotamie ». Il opine qu'on « peut affirmer hardiment que les Métoualis sont des Kurdes venus des frontières persanes à la suite de quelque grande émigration arrivée probablement au XIIIe siècle ». Je soupçonne Lortet de s'être ici inspiré de Renan, mais en appuyant plus que de juste sur un suggestion émise par l'auteur de la *Mission de Phénicie*. Dans ses notes sur le Bilād Bišāra ou Haute Galilée, Renan assure y avoir rencontré « une ou deux familles où l'on reconnaît encore la bonne race iranienne (curde) transplantée là par Saladin » (6). J'ai pu constater, moi aussi, qu'une tradition analogue a cours dans certaines grandes familles métoualies

(1) *Von Mittelmeer zum Persischen Golf*, I, 132, note 2.
(2) *Revue d'Egypte*, I, 443.
(3) Ennemies des Duodécimans.
(4) *Op. cit.*, p. 166.
(5) *La Syrie d'aujourd'hui*, 116.
(6) *Mission de Phénicie*, 633, n. 1.

de la Galilée. C'est dans ce milieu sans doute que Renan l'aura recueillie. Il y est également fait allusion dans un texte d'arabe dialectal de la Haute Galilée, publié par Christie (1). Un article nécrologique du journal « Al-Baśīr» de Beyrouth, consacré à un bey métouali de Nabaṭyya (17 Oct. 1904), le dit descendant de Saladin (2).

J'ai moi-même autrefois admis cette explication (3). Je dois reconnaître qu'elle ne tient pas compte des témoignages, antérieurs aux Croisades, des textes de Nāṣiri Ḥosrau (4) et Maqdisī (5), qui trouvent les Śī‘ites établis dans la région de Tripoli et de la Galilée septentrionale. Attribuer à Saladin l'établissement des Métoualis en Syrie, c'est d'ailleurs oublier que le grand capitaine kurde, destructeur du califat fāṭimite, se montra, pendant toute sa carrière, l'adversaire résolu des Śī‘ites et le restaurateur de la *Sonna*. Christie, sans admettre leur introduction par Saladin, incline pourtant à les croire « originaires de l'Orient » (6). Il met en avant les traces de prononciation persane qu'on retrouve chez les Métoualis de Galilée. Ces particularités phonétiques s'expliquent plus simplement. Leurs ulémas ou *moǧtahid* ont, au temps des Ṣafawides, contribué à gagner la Perse aux croyances de la Śī‘a (7). De nos jours, les ulémas métoualis de Syrie vont étudier et prendre leurs grades dans les écoles

---

(1) Cf. *ZDPV*, XXIV, 69; cf. p. 109. D'après un renseignement obtenu des cheikhs métoualis de Labwa (région de Ba‘albakk), les Métoualis seraient de race arabe, à l'exception de leurs coreligionnaires du B. Biśāra qu'ils considèrent comme d'origine kurde.

(2) Nabaṭyya est dans le sud du Liban, région de Ṣaidā.

(3) *Sur la frontière nord de la Terre Promise,* pp. 6 et 40 (extrait de la revue *Les Études,* 20 Févr. et 5 Mars 1899).

(4) *Relation du voyage de Nassiri Khosrau,* trad. Schefer, Paris, 1881, pp. 42, 47.

(5) Cf. sa *Géographie*, éd. de Goeje, p. 179.

(6) Cf. *ZDPV*, XXIV, 109.

(7) Cf. Strothmann, *Encycl. de l'islam*, article *Śī‘a*, p. 369. *Ibid.*, p. 369, 1ʳᵉ col., lire Moḥammad al-‘Āmilī al-*Djizzīnī* (et non *Djazīnī*). Ǵizzīn, gros bourg du Liban méridional, (est de Ṣaidā) est, de nos jours, entièrement chrétien.

šī‘ites de l'Iraq ou de la Perse et les principales familles métoualies contractent volontiers avec ces régions des relations matrimoniales. D'où les traces de prononciation persane.

*
* *

Mais n'y aurait-il pas lieu de reprendre l'hypothèse de leur origine persane ou iraqaine, en les rattachant aux groupes perses déportés par Mo‘āwia ? Je l'ai pensé autrefois (1). Le rapprochement semble indiqué, puisque nous retrouvons des Šī‘ites dans les districts où Ya‘qoūbī signale l'établissement des « Fors ». Nāṣiri Ḥosrau (2) affirme que de son temps la population de Tripoli était šī‘ite. Nous savons qu'à la veille des Croisades la petite dynastie tripolitaine des Banoū ‘Ammār professait la croyance des Imāmites. Au XVIIIe siècle, des cheikhs métoualis — les *Amédiens* ou *Ḥamādyya*, nommés plus haut — continuaient à dominer la région de Ġobail, où leurs coreligionnaires occupent encore quelques cantons, ainsi que le district du Hirmil. La ville et le pays de Ba‘albakk sont demeurés, jusqu'à nos jours, des centres métoualis. On rencontre également des groupes métoualis aux environs de Beyrouth. Ils y furent jadis plus nombreux, comme nous l'apprenons par Ṣāliḥ ibn Yaḥyā (p. 231). Sous les Mamloūks, ils réussirent même à obtenir à Beyrouth une reconnaissance officielle. Pour ce qui est de la région de Ṣaidā, l'actuel Ġabal ‘Āmil (ancien ‘Āmila), avec son prolongement palestinien,

---

Sur l'école et les *ulémas* šī‘ites de Ġizzīn cf. *Revue de l'académie arabe*, مجلّة المجمع العلمي العربي , de Damas, 1929, pp. 273, 274, 279, 354. Au VIIIe siècle H. Ġizzīn était encore un centre métouali important. J'ignore depuis quand il a perdu cette prérogative.

(1) Lammens, *Le Liban, notes archéologiques* etc. Titre arabe: تسريح الابصار فيما يحتوي لبنان من الآثار , 1ʳᵉ éd., II, 45-46 ; *Les Noṣairis dans le Liban*, (extrait de la revue l'*Orient chrétien*, VII, 1902) p. 26.

(2) *Relation du voyage de Nassiri Khosrau*, p. 42.

était au temps du géographe Maqdisī (179, l. 18) et est demeuré, jusqu'à nos jours, le centre principal des Métoualis en Syrie.

Voici pourquoi j'hésite aujourd'hui à rattacher la diffusion de la Šīʿa en Syrie aux anciennes colonies perses. D'abord, parce que, à l'époque de Moʿāwia, la Šīʿa ne formait pas une secte religieuse. C'était un simple parti politique, celui des partisans de ʿAlī et de sa famille, maintenant leur droit exclusif au califat contre les Omayyades. Ensuite, contrairement à ce que certains orientalistes ont soutenu, l'initiative de ce légitimisme ʿalide revient non aux Iraniens, mais aux Arabes. Aux yeux de ces derniers, les Persans, même passés à l'islam, n'étaient que des *clients*, « maulās », et des croyants de seconde classe. Ils devaient se borner à recevoir le mot d'ordre des maîtres arabes, sans s'immiscer dans la politique. Parmi les anciens tenants des prérogatives du « Ahl al-Bait », *gens de la Famille*, on ne rencontre que des Arabes. Les Miqdād, les Aśtar, les Aboū Ḍarr, les ʿAmmār et les autres protagonistes de la primitive légende ʿalide, tous sont d'authentiques Bédouins. Si l'on veut, à tout prix, leur associer un partisan iranien, il faut se rejeter sur un ancien esclave, Salmān al-Fārisī (1). Ce personnage nous est fort mal connu, si même il n'a pas été créé de toutes pièces par la Šīʿa iraqaine. Je me rallie volontiers à ce jugement nuancé du Prof. Joseph Horovitz (2) : « A-t-il existé un esclave du nom de Salmān, lequel, à Médine, embrassa l'islam ? Nous ne pouvons plus le prouver, mais rien non plus ne s'y oppose ». Pendant les 150 premières années de l'hégire, les poètes dévoués au parti ʿalide, Koṭayyr, Komait, le Sayyd Ḥimiarī, sont des Bédouins, très entichés de leur origine aristocratique arabe et hostiles aux *Soʿoūbyya*, à commencer par les Persans.

Nous savons que les « Ḥamrāʾ », déportés en Syrie sous Moʿāwia,

---

(1) Lammens, *La Mecque à la veille de l'hégire*, 293-294.

(2) *Der Islam*, XII, 182. Sur les révoltes ʿalides fomentées par des Arabes, cf. Franc. Gabrieli, *Al-Maʾmūn e gli ʿAlidi*, (extrait de *Morgenländl. Texte und Forschungen* Leipzig, II, 1, 1929), p. 29.

avaient mis comme condition de leur passage à l'islam (1) de n'avoir
pas à intervenir dans les guerres et les querelles politiques entre
Arabes. Demeurés indifférents à ces dissensions, ils n'avaient, avant
leur départ de l'Iraq, pris parti ni pour ni contre ʿAlī. Le très avisé
Moʿāwia n'aurait eu garde d'ouvrir à des milliers de partisans ʿalides,
tous anciens soldats, l'accès de cette Syrie, où son adroite politique
avait su créer le loyalisme dynastique.

L'an 36 H, un Arabe, compromis dans le meurtre du calife
ʿOṭmān — donc pactisant avec le parti ʿalide — s'était sauvé des
geôles syriennes de Moʿāwia, alors en guerre avec ʿAlī. Le prisonnier
fut bientôt rejoint par un de ses geôliers, un Persan, رجل من الفرس (2).
Le fugitif essaya de l'apitoyer : « Grâce, lui cria-t-il, j'ai jadis prêté
serment au Prophète sous l'arbre de Ḥodaibyya » — « Nous ne
manquons pas d'arbres dans la campagne », répliqua le Persan et il
lui porta le coup de grâce. Cet homme n'avait certainement rien de
commun avec la Šīʿa. Etait-il même musulman, lui qui n'hésite pas
à tuer un Compagnon de Mahomet ?

Ajoutons enfin que jusque vers la fin du IIIᵉ siècle H, la Syrie
demeura foncièrement omayyade et anti-šīʿite. Les traditionnistes qui
y venaient débiter des ḥadīṭ šīʿites, s'y voyaient très mal accueillis.
L'an 915, le célèbre Nasāʾī, l'auteur des *Sonan*, fut à moitié assommé,
en pleine mosquée, par la population de Damas. Son crime ? Celui
d'avoir composé le recueil des « Prérogatives, فضائل, de ʿAlī » et de
s'être refusé à exalter les mérites de Moʿāwia (3), dans son ancienne
capitale. On s'enthousiasmait en Syrie, on y prenait même les armes,

---

(1) Balāḏorī, *op. cit.*, 162, 280, 376.

(2) Kindī, *op. sup. cit.*, 19 d. l. Ibn al-Aṭīr, *Osd*, III, 310, 3 a lu فارس منهم.
Trompé par ce texte nous avions transformé ce Persan en Syrien ; cf. notre
Moʿāwia, p. 120. Avant Moʿāwia, on aurait donc déjà déporté des « Ḥamrāʾ »
ou Persans en Syrie, si l'on peut s'en tenir à ce trait.

(3) Ḏahabī, *Taḏkirat al-ḥoffāẓ*, II, 267-269.

non pour une restauration ʿalide, mais pour le retour du « Sofiānī »,
héros national, qui devait relever le trône et ramener l'âge d'or des
Omayyades (1). A partir du IVe siècle au contraire, après que la Šīʿa
a publiquement rompu avec l'orthodoxie, nous constatons en Syrie
un véritable pullulement de sectes šīʿites, sans en excepter les plus
extrémistes : noṣairis, ismaʿilis, druses, imāmites. Cette réation šīʿite,
nous ne pouvons nous attarder à en discuter ici les causes. Mais
elle aurait dû commencer beaucoup plus tôt, coïncider à tout le moins
avec la chute de la dynastie omayyade, si elle avait été favorisée par
les groupes perses, introduits sous Moʿāwia (2). Il faut donc, pensons-nous, recourir à d'autres explications, si l'on prétend rendre
compte de la présence des Šīʿites au Liban.

En attendant le résultat de ces recherches, je souscris volontiers
à ce jugement modéré d'Ebers et Guthe : « il paraît vraisemblable que
les Métoualis se sont isolés du reste de la population du Liban et de
l'Antiliban, uniquement à cause de leurs croyances spéciales, et ne
représentent pas les restes de quelque grande nation » (*Palaestina im
Bild und Wort*, II, 35). A en croire Renan (3), « le Liban est le tom-
beau d'un vieux monde à part qui a disparu corps et biens... Métoualis,
Arabes... y sont de fraîche date ». On peut acquiescer à la conclusion
de cette synthèse sommaire, à condition de ne pas distinguer, comme
semble faire Renan, entre Métoualis et Arabes. Le nom de Ǵabal
ʿAmila, جبل عاملة (4), actuellement Ǵabal ʿĀmil, جبل عامل, donné à la
région montagneuse de Ṣaidā et de Ṣoūr, centre principal des Métoualis, ce nom lui vient des Banoū ʿĀmila (5), sous-tribu des Banoū

---

(1) Cf. Lammens, *Le Sofiānī, héros national des Arabes Syriens* dans *Bull.
Instit. français d'archéol. orient.*, XXI, 131-144.

(2) Dans le compte-rendu du Congrès archéologique de Beyrouth, une
distraction de la *Revue biblique*, Juillet 1926, p. 427, m'attribue la thèse que je
combats dans ces pages.

(3) *Mission de Phénicie*, 217.

(4) Cf. Maqdisī, *op. cit.*, 161, 162, 184.

(5) Cf. Lammens, *Califat de Yazīd*, 273.

Goḏām. C'est donc parmi ces Bédouins de ʿĀmila — d'après Yaʿqoû-bī (1), de son temps ils peuplaient la Galilée — que, postérieurement au III. siècle H. se seraient répandues les théories de la Šīʿa imāmite. En d'autres termes, nous devrions voir, dans les Banoû ʿĀmila, les ancêtres des Métoualis du Liban.

------

(1) *Op. cit.*, 327, 2. Il n'y a pas lieu de s'étonner avec le Prof. Strothmann (*Encyc. Islam*, article *Šīʿa*, p. 369, col. 2), que Maqdisī écrive toujours *Ǵabal ʿAmila* au lieu de *Ǵabal ʿAmil*. Cette dernière graphie est une graphie populaire et la seule usitée de nos jours en Syrie.